W9-BMJ-355

Para Ezra

Dados Internacionais de Catalogação na Publicação (CIP)
Câmara Brasileira do Livro, SP, Brasil

Rachlin, Ann
    Crianças Famosas /Ann Rachlin y Susan Hellard ;
| traducción Enterprise Idiomas Comercial | .
-- São Paulo : Callis, 1999.

    Título da edição em português: Crianças famosas.

1. Mozart, Wolfgang, 1756-1791 - Literatura infanto-juvenil
2. Compositores - Áustria - Biografia - Literatura infanto-juvenil
3. Música - Apreciação   I. Hellard, Susan.   II. Título.

99-3136   CDD-028.5

Índices para catálogo sistemático
1. Literatura infantil 028.5
2. Músicos: Literatura infanto-juvenil 028.5

ISBN: 85-7416-080-6

Rua Afonso Brás, 203
04511-010 - São Paulo - SP
Tel.: (011) 822-2066 • Fax: (011) 829-5882
e-mail: callis@callis.com.br

Niños Famosos

MOZART

ANN RACHLIN Y SUSAN HELLARD

Callis Editora Ltda

Mientras Nannerl tenía clases de música con su padre Leopold Mozart, el pequeño Wolfgang Amadeus Mozart observaba y oía cada nota que su hermana tocaba.

Cuando la clase terminó le dijo:

— ¿Papá, puedo tener una clase yo también?

— Tú eres muy pequeño todavía, hijo mío.

Cuando el señor Mozart y Nannerl salieron de la sala, Wolfgang se sentó al clavicordio y tocó dos notas, y después dos más y así fue tocando. La música le parecía muy linda. Wolfie sonreía. Su padre lo oyó tocar y vino a verlo. Wolfgang estaba tocando correctamente sin que nadie lo ayudara. Entonces el señor Mozart comenzó a darle clases a su pequeño hijo.

Wolfgang ya tocaba bien, como su hermana Nannerl. La rapidez con que aprendía dejaba muy contento a su papá. Y, cuando Wolfang empezó a componer su propia música, el señor Mozart quedó maravillado. Nadie podía creer que un niño con tan sólo cinco años de edad podía componer músicas tan bellas.

Un tiempo después, el señor Mozart decidió llevar a sus dos talentosos hijos a un concierto en Munich.

Sería un largo viaje, el carruage se sacudía mucho.

Como de cualquier manera debían prepararse para la presentación, Wolfie y Nannerl practicaban en un teclado improvisado en un pedazo de madera durante todo el camino.

Enseguida que llegaron a Munich, todos comenzaron a hablar de los maravillosos niños Mozart.

Vestidos con sus mejores ropas, Wolfgang y Nannerl tocaron para el Príncipe Joseph. El concierto fue un gran éxito. Todos los aplaudieron y les dieron regalos y joyas. El señor Mozart se quedó muy orgulloso de sus hijos.

Una señora, muy gordita, se quedó tan entusiasmada que corrió hacia el pequeño Mozart, lo tomó en sus brazos y le estampó un beso ruidoso y húmedo.

—¡Agh ! — refunfuñó Wolfgang, mientras intentaba escapar de aquel abrazo, al mismo tiempo que se limpiaba la cara.

Cuando volvieron a su casa en Salzburg, Wolfgang se quedó muy contento al ver a su madre y a su perrito Bimperl. Los había extrañado mucho. Después de jugar y abrazar a Bimperl, escribió un pequeño minueto para festejar su regreso. Era enero del año 1762 y faltaban algunos días para que Wolfgang cumpliera seis años. El día de su cumpleaños, Wolfgang recibió un pequeño violín como regalo de su padre. Se quedó radiante. Aquella noche, cuando llegaron los amigos de su padre con sus instrumentos para un ensayo, Wolfie salió corriendo para agarrar su violín. Pero el señor Mozart dijo:

— No, Wolfgang. Todavía no puedes tocar con nosotros. Antes debes tener muchas clases y un poco de práctica. Wolfgang empezó a llorar.

Uno de los amigos de su padre, el Sr. Schachtner, se quedó con pena del niño y dijo.

— Vamos, Leopold, deja que Wolfie se quede cerca mío. Déjalo.

— Está bien — dijo el Sr. Mozart. — Pero acuérdate de tocar bajito Wolfie, para que nadie te oiga.

Wolfgang sonrió y, de pie al lado del Sr. Schachtner, comenzó a acompañarlo, siguiendo cuidadosamente la música. Poco a poco el Sr.Schachtner pasó a tocar más suavemente, cada vez más suave, hasta que paró de tocar. Pero Wolfie continuó tocando. El Sr. Mozart no podía creer lo que veía y oía. ¿Cómo un niño tan pequeño podía tocar una música tan difícil como aquella sin haber tenido clases de violín?

El próximo viaje fue a Viena, y esta vez su madre los acompañó. Después de algunos días en la ciudad, les llegó una invitación. Wolfgang y Nannerl estaban invitados a tocar en el palacio real, para el Emperador y la Emperatriz:¡Uáu! ¡Sería un concierto muy especial! Sus ropas fueron lavadas y planchadas; sus zapatos lustrados hasta quedar brillando como un espejo. El día marcado, los Mozart se dirigieron al palacio.

El Emperador, la Emperatriz y los niños de la famlia real esperaban a los pequeños músicos en el salón del trono.

Wolfgang los miró, curioso.

"¿Podremos jugar un poco con ellos?" pensó.

Wolfgang fue el que tocó primero. Después fue el turno de Nannerl. Cuando ella terminó, tocaron algunos duetos. La familia real no podía creer que aquella música maravillosa era tocada por dos niños tan pequeños.

Después del concierto, mientras el señor y la señora Mozart conversaban con el Emperador y la Emperatriz, Wolfgang y Nannerl jugaban con los niños reales.

—¡Uups! — exclamó Wolfgang mientras deslizaba por el piso encerado. La joven archiduquesa Marie Antoinette lo ayudó a ponerse de pie.

— Eres muy gentil — dijo el niño — cuando sea grande voy a casarme contigo.

Wolfie y Nannerl recibieron muchos regalos de la Emperatriz y fueron contentos para casa. A la noche, el Emperador comentó:

— ¡Qué niño perspicaz! Debemos invitarlo nuevamente. Me gustaría tener seguridad de que es tan bueno como nos pareció hoy. Voy a ponerlo a prueba.

Dos días después, Wolgang y Nannerl recibieron lindas ropas de regalo de parte de la Emperatriz. Wolfgang se puso muy contento. Su traje era digno de un príncipe: medias de seda blanca, pantalones y chaquetas de terciopelo lila, y un chaleco muy lindo. El vestido de Nannerl no se quedaba atrás. Era rosado, con moños y bordados. Luciendo sus lindas ropas volvieron al palacio a la semana siguiente.

— ¡Señor y Señora Mozart, Master Wolfgang y Señorita Nannerl! — anunció el portero.

Apenas vió a la Emperatriz, Wolfgang cruzó corriendo el salón y saltó a su falda.

Cariñosamente, le rodeó el cuello a la Emperatriz con sus bracitos y ¡le dió un beso!

— ¿Qué vas a tocar hoy, pequeño Mozart?

Preguntó el Emperador sonriendo.

— Voy a tocar mi alegro en sí bemol mayor — respondió Wolfie.

Y, deslizándose por las piernas de la Emperatriz, volvió al suelo y corrió hacia el clavicordio.

— Muy bien — dijo el Emperador —, pero primero me gustaría colocar ésto sobre las teclas.

El Emperador colocó un gran paño negro sobre el teclado.

Mozart suspiró. Para él aquello no sería ningún problema. Sabía que podía tocar el clavicordio sin mirar las teclas.

Wolfgang colocó sus manos sobre el paño negro y tocó su alegro con perfección.

— ¡Muy bien! — Exclamaron el Emperador y la Emperatriz.

El Sr. Mozart llevó a Nannerl y Wolfgang a varios países. Uno de los viajes que hicieron duró tres años y cinco meses.

A cualquier sitio que iban, los Mozart daban conciertos. Todos los admiraban y les regalaban muchas cosas.

Wolfgang pasó a ser llamado "¡Mozart, el niño maravilla!"

Wolfgang creció y se transformó en uno de los mejores compositores de todos los tiempos. Aún hoy en día, personas del mundo entero adoran tocar y oír sus músicas maravillosas.

Wolfgang Amadeus Mozart compuso más de 700 trabajos, incluyendo sinfonías, conciertos, sonatas y misas. Compuso 23 óperas, de las cuales las más famosas son:

Las bodas de Fígaro

Cosi fan tutte

Don Juan

La flauta mágica